AF408771

أَتْعَبَتْ عَيْنَاكِ خَيْلِي

شعر

بيات علي فايد

أَتْعَبَتْ عَيْنَاكِ خَيْلِي

شعر

إصدارات دائرة الثقافة، حكومة الشارقة 2022 م

الناشر: دائرة الثقافة ـ حكومة الشارقة ـ الإمارات العربية المتحدة

الهاتف: 5123333 6 971+

البرَّاق: 5123303 6 971+

الموقع الإليكتروني: www.sdc.gov.ae

البريد الإليكتروني: sdc@sdc.gov.ae

تصميم الغلاف: مروة الهرمودي

811.9624

ف ب . ١   فايد، يبات علي
أتعبت عيناك خيلي / يبات علي فايد.ـالشارقة، الإمارات العربية المتحدة : دائرة الثقافة،
2022.
89 ص. ؛ 21x14 سم.
1. الشعر العربي – السودان – دواوين وقصائد
أ. العنوان

ISBN: 978-9948-826-15-6

هَكَذا كَتَبْتُنِي، كَيْفَمَا شِئْتِمُ اقْرَأوِنِي!

يبات علي فايد

الإهداء

إلى أمي، خديجة علي إدريس منتاي

فديتُ المليحَ

فديتُ المليحَ إذا ما صَحَا

كما الليلُ عنه الظّلامُ امَّحَى

وكالحقلِ مازجَ نوَّارَهُ

نسيمانِ في فرحةٍ لوَّحَا

كدوحةِ رَابيةٍ أُمطِرتْ

تُسقسق أطيارُها صُدَّحا

وكالنَّهرِ عربَدَ في وَلَهٍ

وباشرَ شمساً تراءَتْ ضُحَى

وجْدٌ

تظنِّينَ هذا الهوى والْجَوى
بلْ
تظنِّينَ وجداً على
عرشِ قلبي اسْتَوى

ثِقَةٌ

وقفَتْ
بين تلكَ الورودْ
وردتي
ورَنَتْ واثقَهْ
إنَّها
في مآقي الوُجودْ
لحظةٌ
حُلْوَةٌ شائقَهْ!

اقْتِدَارٌ

باقتدارْ

تُديرُ الرُّؤوسَ لها باقتدارْ!

كم تُرى لَفَّنَا

منْ دوَارْ!

حينَ خَبَّأَ

ليلُ النِّقابِ النَّهارْ!

أنا والعقيقُ اليماني

يا لَحَظِّي

يا رفيقي!
قال لي ردّاً على قولي
(جَدْيٌ):
إنني أخشى على نفسيَ من

فعلِ العقيقِ

ليتَها جَهِلَتْ بعضَ سَاعة

إنْ تُريدي

خذي الحديثَ، وقِيلي

دونَ فهمٍ

ودونما

تأويلِ

واعْجبي

أن تَرَيْ يَدَيَّ

دليلي

أنا أطفأتُ للهوى

قنديلي

صحبتْ قدَّك آلافُ السَّلام

لم يكن ذاك حديثاً يُفترى

كان أحلى

من أهازيجِ اليمامِ

يا مُنَى

رُدِّي سلامي وانثني

صَحِبَتْ قدَّك آلافُ السَّلامِ!

لم يَكُنْ موسِماً للِّقَاح

زمَّتِ الرَّوضةُ
ليلةَ الأمسِ منكرةً
شفتيها:
«ألا باعدي يا رياحي!»
صدقتْ
لم يكن موسماً للهوى
واللقاحِ

إن تشتهي كلَّما

وشادنٍ ليس لي

من حُبّه غيرُ مَا

وعدٍ وأكذوبةٍ

يبتاعُني الوَهمَا

وكلَّما قلتُ: هل؟

يقول: إي، ربَّما

وإن سألتُ: وهل، نأتي عليها؟ وما؟

يجيبني ضاحكاً: إن تشتهي، كلَّما.

إلى زينب

يا لذيذَ التَّثني قفِ

وهبي

لحظةَ المحتفي

بالذي كان من حسنِكمْ

إنَّ في مقلتَيْكِ وفي

ما تكاسلَ من خطوِكُم

هِزَّةٌ حرَّكتْ معطفي

آهِ زينبُ لا تكشفي

ما بنا وخُذي

ترَّهاتِ الَّذي

قد تغناك

لا تُسرفي!

غزالُ الصَّيدلة[1]

جاء غضّاً

مُفْعماً كالبَسْمَلَهْ

عجبي كيف كساني بالبلَهْ

ذا غزالٌ من «أثافي» الصَّيدَلَهْ

جئتُ أرجوه

فكنتُ الصَّيدَ لَهْ

---

1 ـ كلية الصيدلة بجامعة الخرطوم، والأثافي جمعية أدبية كانت بها آنذاك.

كذبت بروقي فاسلمي

مساءَ الخيرِ يا ريمي

مساءً

كنفحِ الطّيب من فيك الصَّدوقِ

سألتِ الشِّعر صاحٍ ليس يسخو

وهذا شهدُ نحلتِنا فذوقي

سأفرح إن تهاتفَ خافقانا

وإلا فاسلمي

كذبتْ بروقي!

غرور غزال

لي غزالٌ

ليس يهدا أبدا

إنه دوماً يغالي ما اهتدى

للذي أرجوه

مغروراً بدا

بتُّ حَيْرانَ فمدوا لي

يدا

ليتنا لم نلتقِ

وهذي القصــائدُ يـا ماريا

تروحُ هباءً كجهد الإماءْ

وكـم قـد تعلَّقها مـن فتىً

أراها بعيني قذًى وغثاءْ

أتيتُ بشـعلةِ حبٍّ أنا

فلاقيتِها أنتِ برداً وماء

ألا ليتَ أنِّيَ لــم ألقَكـمْ

ووجهُكِ ما، ماكساه الضياءْ

مسـاءَ التقيتُك يـا ماريا

ولم أدرِ ما الحبُّ ذاك المساءْ

الحبُّ القديم

يُسائلني صديقٌ لي

حميمُ

عن الحبِّ الذي فينا

مقيمُ

أما زالت تهيِّجُه الليالي،

يسعِّرهُ الهوى العاتي القديم؟

فقلت له: توغَّلَ في فؤادي

وفرَّخَ بيضُه،

هذا جحيم!

إلى ريم

يجيء هواها

كوشيٍ قديمِ

كآياتِ موسى

ونار الكليمِ

جميلٌ يهذّبني ذكرُهُ

هو الرِّيم حقاً

ويدعى بريمِ

فتنة

بكلِّ كثيبٍ وقدْ

جَلَدْنَ شجوني

بكى ذا الجسدْ

هأنا

بين جذبٍ وشدْ

أعلِّلُ نفسي

بربَّتَ في إثرِ قدْ!

عصفورٌ نبيه

وحبيبتي
في الإنسِ ليس لها شبيهُ
فهما اللذاذةُ كلَّها
والصدرُ
عصفورٌ نبيهُ!

إلى تسنيم

سلْ لي «عزيزاً»
إنَّه لرحيمُ
«وقعُ السِّهامِ
ونزعهنَّ أليم»
ماذا عليَّ وقد
بُليتُ بكربةٍ
هذا هواي،
مزاجُهُ «تسنيم»!

أتراني أحب؟

لماذا إذا ما تهامس غصنٌ
وغصنٌ بمسِّ رشيقِ
لماذا إذا
نزلَ الغيثُ هاشّاً أتى
يشرئبُّ خيالُكِ في
أُطرٍ من عذابٍ رفيقِ
لماذا إذا ما تهدَّجَ رعدٌ
ذكرتُ ابتسامَكِ وشياً
تلوَّى
بخيطٍ رقيقِ؟

الحسناء واللوح

يذكِّرني وجهُ حسنائِكم

لوحَ خلوتِنا عند شيخي حسنْ

يعلمُ اللهُ ما كان ظنِّي وظَنْ

صغارِ التَّكاريرِ أنَّا نمارسُ فَنْ

خِفَّةُ العارضِ الخشبةْ

وغسلُ الكَريماتِ مَحْوُ الكَريمَاتِ في المسْطبَةْ

ووضعُ الدلالِ الذَّي

أبرزَ الحسنَ في ضِدِّهِ

قلمٌ ودواةٌ تسيلُ على يدِهِ

الظلالُ وأحمرُها،

والخطوطُ الَّتي رُسِمتْ

في حصافةْ

شابهتْ

مزجَ ألواننا في الشَّرافةْ

بانت ندى

أسفر الصُّبح فهل بانتْ
ندى؟
غرَّدتْ روحي
وعصفوري
شَدَا
ما شذى غاباتِكم إمَّا
غَدَا
مِهرجانُ العودِ آتِينا
غَدَا؟!

أجيبي سلامي

يقول «لطيف» لفاتنة الحيِّ

بدرِ التمامِ

يقول: «أجيبي سلامي»

ولا يعلمُ الخلُّ أنِّي

رددتُ عليَّ بُعَيْدَ السّلامِ عليكِ مراراً

سلامي

ألا يا فؤادي

لتنتهينَّ عن الابتسامِ

لكلِّ جميلٍ

لذيذِ التَّثنِّي

رشيقِ القوامِ

بربك قل لي فؤادي،

إلام تظلُّ تراقبُ كلَّ مهاةٍ

مشتْ كالغمامِ

لَظى النِّيلَيْن

وَآهٍ ثُـــمَّ آهٍ آهْ

وَوَيْلِي مِنْ لَظى النَّيْلَيْنْ

أَأُقْتَـلُ بَيْـنَ أَصْحَابِـي

بِأَلْحَـــاظٍ وَعِرْبِيْدَيَـنْ

غَـزَالٌ سَـيْفُ حَاجِبِهِ

يُقَسِّـمُنِي إِلَى شَـطْرَيْنْ

فَشَطْرٌ فِي الْهَوَى هَاوٍ

وَشَطْرٌ هَامَ فِي الْخَدَّيْنْ

وأُقْسِـــمُ أَنْ سَأَسْـحَرُهُ

وَأَشْرَبُ مِنْ سَنَا النَّهْدَيْنْ

وَتَعْلَمُ صِـدقَ أَقْوَالِـي

وهَذا يا حُوَيْتِمُ دِيـنْ

إنَّها حيَّةٌ تنتهش[1]

قامةٌ واعدَهْ

أقبلتْ ترتجي القاعدَهْ

قيلَ: ذي الفائدَهْ

لملمتْ وعْيها جاهِدَهْ

أدبرَتْ ترتَعِشْ

أيَّها الفتحُ، باللهِ عِشْ

أسبلتْ دمعةً ويحَها!

إنَّها حيَّةٌ تَنْتَهِشْ

---

1 - في رثاء الأستاذ فتح الرحمن، بجامعة النيلين، كلية الآداب، قسم التاريخ. جاءت إحدى طالباته تسأل عنه، وبيدها بحث، ففاجأها د. محمد المجتبى، قسم الفلسفة بقوله: «البركة فيكم، الأستاذ اتوفى»، فما كان منها إلا أن تكتلت الدماء في وجنتيها، وتجمعت الدموع في عينيها، شهدت تلك اللحظة فسجلتها في كلمات.

الماء والخضرة اليانعة

جلسةٌ رائعَهْ

تحت غيم الخريفِ

ومزنتهِ المائعَهْ

كلُّ لحظةِ عمرٍ تمرُّ بعيداً

عن الماء والحسنِ والخضرةِ اليانعَهْ

هي من عمر كلِّ فتىً

لحظةٌ ضائعَهْ

وقفةُ التَاكا وأسنانُ خزاعَة

إنَّ في «حلوِ الكلامِ»

بالإذاعَهْ

غادةٌ شالتْ منامي

يا جماعَهْ

وِقْفَةُ التَّاكا[1]

وأسنانُ خُزاعَهْ

---

1 - جبل عالٍ بشرق السودان، في مدينة كسَلا.

هاج الربيع بطيب شذاكِ

أُعَدُّ صبوراً

على النائباتِ

ويذهلني منك يا

حلوةَ الالتفاتِ

ناعسُ اللحظِ منكِ

وغَمَّازَتاكِ

فكيفَ إذا ما

تنفَّسَ صدرُك

هاج الرَّبيعُ بطيب شذاكِ؟!

إلى هيفاء

وَيْحِي إِذَا أَوْلَيْتِنِي اهْتِمَامَا

وَوَيْلَتِي إِذَا مَا

أَهْمَلْتِنِي

أَيَّتُهَا الْحَمَامَهْ

مَاذَا أَمِيرَتِي إِذَا مَا قَدْ عَصَانِي فَرَسِي وَأَفْلَتَتْ

يَمِينِي يَا سَيِّدَتِي لِجَامَهْ؟

أَدْهَشْتِنِي جَالِسَةً وَاعَجَبِي!!

وَإِمَّا قُمْتِ فِتْنَتِي

أَقَمْتِ فِي دَوَاخِلِي الْقِيَامَهْ

الجَالِيَة

تَسْتَفِزُّ الصَّغِيرَةُ ذَاكِرَةً خَالِيَةْ

ها تُسائِلُنِي

عَنْ تَوَارِيخِ أَشْيائِهَا الْغَالِيَةْ

وَأنا عاجِزٌ وَيْلَتَي

عَنْ تَذَكُّرِ سَاعَةِ مِيْلادِهَا

بل وَيَوْمِ الْتَقَيْتُ بِهَا

أَسْفَلَ الرَّابِيَةْ

أتُرَى كَمْ تَوَارِيخَ أَهْدَرْتُ كَمْ

قِصَّةً بَالِيَةْ

ها أسائل نَفْسِيَ فِي لَهْفَةٍ

”أنْ لَهَا الْوَيْلُ مَنْ

سَتُزَيِّنُ ذَيْلَ القَوائِم فِي دَفْتَري؟

إي وَمَنْ

سُوْفَ تُضْحِي حَدِيثَ الْخَرَائِد فِي

تِلْكُمُ الْجَالِيَةْ؟

مكابَرَة

أُحبُّكِ ساعةَ وعْيِي
وأهواكِ إنْ غبتُ ذاهِلْ
أجلْ
أُحِبُّكِ يا «وصل»
رُغمَ اختلاقِ المشاكِلْ
وأهواكِ رغم اعتدادي بنفسي
ورغم ظهوري

بثوبِ المقاتِلْ

وأعلمُ أنَّ مكابرَتي

وثبةُ الهِرِّ تحكي المنازِلْ

وأعلمُ أنِّي

سأقطفُ آخِر هذي المراحِلْ

سأقطفُ بؤسي هواناً

وأجني على رغم حُبِّي المهازِلْ

تبَّاً لنا من أحمقَيْن

«لالٌ» أيا

دفقاً من السِّحرِ الحَلالْ

«لالٌ» أيا

حلماً تبدَّى لحظةً ثمَّ استحالْ

«لالٌ» أيا

جرحاً تعمَّق واستطالْ

«لالٌ»

يراودني سؤالْ

«لا لا تَسَلْ»

قالتْ: «وصالْ»

إني وددتُ صغيرتي

لو تعلمينَ حقيقةً معنى القِتَالْ

إني خشيتُ صغيرتي من أن يقالْ

قد ساقها

هذا المُشَرِّقُ عنوةً نحو الضَّلالْ

إني أقاتلُ يا صغيرةُ مرغماً

رُغمَ الذي

قد بانَ في وجهَيْنا مِنْ

أَلَقِ الوصالْ

هل تَنْتَوينَ صغيرتي

شدَّ الرِّحالْ؟

هيا ارْحَلي

إنِّي أرى في وجهكِ القمحيِّ بادرةَ انفعالْ

يا ليتها تمسي شرارةَ بؤسِنا

أو ليتني أغدو شجاعاً مؤمنا

فأتوجَ الحبَّ العظيمَ ببعْدِنا

عن بعضِنا

لأمُتْ أنا

ولتبقِ يا محبوبتي

تبّاً لنا

من أحمَقَيْنِ تساقيا

صفْواً بكأسِ الحبِّ في

زمنِ الخَنَا

أنا هو ذاك المنافق

أتقولين شعري هُرَاءْ

ووردي هُرَاءْ

وكلُّ الشُّموع التي أوقدت لانْطِفَاءْ

وكلُّ الجميلاتِ عندي

وقولي «أحبُّكِ» أيضاً

هُرَاءْ؟

لماذا؟!

ألأنِّي أحب الغواني لشِعْري؟

وأنِّي حين أقول القوافي

أنافقُ دهري

وسرِّي يخالفُ جهري؟

أجلْ، يا «جميلة»

أنا هو ذاك المنافقْ

أغنِّي صباحاً «نمارقْ»

وأهدي القصيدَ بذاتِ المساء

وأقسِمُ إني لصادقْ

«نبيلَة»

أنا هو ذا يا «ندى»

وما ليَ حيلَهْ

ولكن بربِّكِ قولي

إذا كان شعري هراءْ

فكيفَ يلامسنَ إما تلوتُه في وصْفِهِنَّ

نجومَ السَّماءْ؟

أشك بأنِّي أخطُّ القصيدَ لشِعْريَ دون الحِسَانْ

وأنِّي أسامرُ حرفَ القصيدَةِ دونَ افتتانْ

ببعض الفضائلَ في هندَ أو في

جنانْ

وصالٌ لذيذ

قرأنا لميَّ ولم نعنِ مَيْ

فجاء الجميل يهَادَى كصَي

وقال أنا ميُّ قلت هلا

تعالَيْ تعالَيْ تعالَيْ إِلَيْ

فكان الذي كنتُ كم أبتغي

وصالاً لذيذاً صبيحَ المحَيْ

كَسَلا

ما قالَ قومٌ بحسنِ الأرضِ يا كسلا

إلا اتُّخذتِ لهم يا عزَّنا مثلا

ما زارَكم جَلْدٌ في الحبِّ ليس له

شَرْوَا نقيرٍ شدا في وصفكم وتلا

آيَ الجمالِ فما يدري وقد وردتْ

أنفاسه حلوتي وِردا صفا وحلا

ما مر بالحسن في أرجائكم بشرٌ

إلا تدلَّه في روضاتكم وسلا

كلَّ الأُلى سلبوا عينينه نومتها

بعيد زورتكم ما زار أو وصلا

كم من محب مضى في حسنكم دنفاً

مِ الحبِّ يا غادتي قد قيل ما قتلا

إذا اكتحلت بها يا صاحبيَّ ضحىً

حيى المهيبين صوتَ القاشِ والْجبلا

ما هند يا حلوتي، ما مَيُّ ما دَعْدُ

يا أختَ تاجوجَ ما نبغي لكم بدلا

تمشي الهوينى بها خَوْدٌ بَرَهْرَهَةٌ

ما ضرَّها نصَبٌ تصرَّعتْ كَسَلا

ما ضرَّها قول وَزْوَازٍ وزِعْنِفَةٍ

ما كان في القول منطيقا ولا فَحَلا

في الشعر ليس له سوى البسيط ولا

يبني خـرائـبـه إلا بـرمـل فلا

وعيونٌ تقول انتهوا

إن مَن قد رأيتُ أخي

إنَّما الويلَ هُوْ!

أجاهدُ أن أكتبَ الشِّعرَ

يمنعُني حسنُهُ

بعيونٍ تقول إذا ما هممتُ:

انتهوا!

صانع الحب

وغرست بأنحائكم شتلةً
علَّها
فإذا ما تنفس في
ذاتِ صدقٍ هواي
وغازلتِ النَّسماتُ ضحىً
فُلَّها
فاذكروني فإني أنا
مَنْ بدمع المحبةِ
بلَّلَها

إلى هالة

في اهتزازِ اللذاذاتِ

في الشرق من طلعةِ الكبرياءِ

تَلَقَّيْتِني عاجزاً

أن أجودَ بحرفٍ إزاءَك يا فارعهْ

فانثنيت هناك

أجرجر خطوي

وخطوُ الفؤادِ

تُتَكْتِكُ مُسَّارعهْ

هل تراكِ انتبهتِ لحاليَ أو

حدَّثتْكِ التِفاتُتُك البارعهْ؟

التقيتُ سحر

وهأنذا ألتقيكِ ولمْ

يبقَ مِ العمرِ إلا قليلَهْ

وما خابَ ظنّي بأنَّ الخليلَ موافٍ

(إذا ارتبط القلبُ بالقلبِ) يوماً خليلَهْ

أخفي اشتياقي

وأشتاقُكم
ثم أخفي اشتياقي؛
خَشِيتُ حماماتٍ واشٍ
يُنَقِّرنَ
فرخَ التَّلاقي

خَلِّي دروبي

وصالٌ

وأرجوكِ أن تقطعي

حبائل ودٍّ مددتُ وفي ساعةٍ

لا تعي

وضعتِ يديكِ على مكمنٍ

حفظتُ دهوراً ألا

فارفعي

نشرتِ حبالاً طواها الزمانُ

وهام السهاد على

مضجعي

ولست أنا مثل كلِّ الأولى

تعرَّفتِهم، أنا لا أدَّعي

بأني وأني وأني فقولي غدا أنني

واصدعي

بما قد قرأتُ عليك الغداةَ

وخلي دروبي ولا

تفجعي

على نفسي جنيتُ

قلْ، ما هوانُ الحبِّ؟
أسألُ مَنْ لَهُ
علمٌ بكُنْهِ المارِد المتجبِّر
فيجيبني من داخلي باكٍ له
نوْحٌ أهاج لواعجي وتصبري:
هو رِقُّ كلِّ روَيْحَةٍ ما أنصَفَتْ
دفعتْ بعزةِ نفسِها
للمشتري

إلى مودَّة

قال ناجي رحم الله الهوى

كان صرحاً من خيالٍ فهوى

فخـــذوا عنِّـــيَ إنـــي فَطِــنٌ

ما تُخُطِّفتُ عصافيرَ الْجَوى

ورَدَ الحبُّ فؤادي فارتوى

ورقى عرشَ هواها فاستوى

يـا مـودَّاتُ هلمِّـي مرحبا

ما تُخُبِّطتُ ولا قلبي غوى

اعتقيني قبيل الرحيل

والتقيتُ بصـبحٍ جمـيل

(تائهاً ما هُديتُ السبيلْ)

بالَّـذي علّنـي أسـمرٌ

مائلٌ وهو عندي المميلْ

دلَّنـي للـذي أبتغـي

ورماني بطرفٍ كحيلْ

فغـدوتُ طريدَ الكرى

يـا لنـا تائـهاً ودليلْ

مـيُّ كفِّـي ولا تفتـري

واعتقيني قُبَيْلَ الرَّحيلْ

عيناك في غفلة الأطفال تأتلقُ

عيناك في غفلة الأطفال تأتلقُ

تساءلان سُدَّى ما ذلك الخَلَقُ

يا باعث الجن هذا بعض صُنعِكُمُ

هذا اليباتي قد جُنَّت به الحَلَقُ

إن كنتِ قاتلتي أُنسيتني فسلي

أنـا الشـهاب الذي يقتاتَه القلقُ

وصرت كالليل قد غارت كواكبه

ما فــي محاجرِه نـورٌ ولا فَلَقُ

فالدمـعُ منـهملٌ، والعينُ ساهمةٌ

والرَّوحُ ساهيةٌ، والفهمُ منغلقُ

بكـى فلم يتركن من نــوره لُمَعاً

فكان في وجهه من دمعه شَلَقُ

إنّ الأُلى فاتَهُمْ من برقها لُمَعٌ

كأنهم ما سقوا خمرا وما خلقوا

إذا هششتم إلى عودٍ فتهنئةً

إني إلى جهةِ الواحاتِ منطلقُ

وإن سئلتم عن المجنون أين غدا

قولوا لمُهمِلِنا زَلَّت به المَلَقُ

أنا وحُبِّي وعثراتي

ما تقولونَ بحِبِّي

وغرامي

يا أحبَّهْ

لا يني يغفر ذنبي

كلما جئتُ

بسُبَّهْ

ساكنٌ لُبَّ فؤادي

وسكنتُ

أنا لُبَّهْ!

إلى رحاب

هالني بدرٌ بدا في الظُّلَمِ

وغزالٌ كادني لم يرحمِ

رحِبُ الصَّدرِ عليه جَبَلٌ

فيه وادٍ قد بدا كالوهَمِ

لم أذقْ يوما ثمارا مثلما

ذقت فيه، لا ولما أخضُمِ

لونتني صباحاً

رُبَّ مجنونةٍ ذهبَتْ
بانتباهي
تُبعثِرُني وبشتميَ
تباهي
غفرتُ لها؛
لَوَّنَتْني صباحاً
خرجتُ إليكم جميلاً
أباهي!

أنا وحنان وهمْهماتُ المدِّ

أنا والحبيبُ

وهمهماتُ المدِّ

حين تنهَّدتْ لحديثه الصَّدفاتُ في

غنجٍ وملَّتْ قبل مسِّه م الضجرْ

بتنا هنا

تترنَّح الأمواج في ولهٍ

تُسَقِّي ساق فاتنتي

فينبتُ صدرُها

أحلى الثَّمرْ

وأموت إذ يبدو بغير تعمدٍ

من بين تلَّيْها النَّهَرْ

إليك إليك

ما دهاني كلَّما قلت كفى

بادرَ القلبُ بدقٍّ واحتفى

بالذي كم سامه الهجر وما ما

رعى فيه غراماً ووفى

قُبلةٌ أطبعها عُصفورتي

في جبينٍ مثلما البدرِ صَفا

فهبيني منكِ وصلاً أو فلا

علميني كيف أعتادُ الْجَفا

جسدي عندي وبتم جوهره

(إلى أمي الحبيبة)

ها أتى العيد بعيداً

عن نعيمِ السُّكرةْ

أنا يا كُلَّ حياتي

مثل تلكَ الثمرةْ

كم ترى عمرها إمَّا

نزَلتْ من شجرَةْ؟!

جسدي عندي وبِتُّم

يا حياتي جوهرَهْ

يُفَتِّكُ بي صدرُ تلك النحيلهْ

(إلى عائشة)

وتغزو فؤادي جميلهْ

بخيلٍ من الحُسنِ

أستنصرُ

دونما طائلٍ بالقنا والقبيلهْ

شِدادٌ لدى البأسِ أهلي

ولا يعدمون إلى النصر حيلهْ

اعْجَبُوا

لستُ أعجبُ كيف يفَتِّكُ بي بينهم

صدرُ تلكَ النَّحيلهْ

غردي

هذي المهالكُ بي عليـ

ــها رغم ودي مُحْدِقهْ

عصـفورةٌ غنَّتْ على

غصنٍ بربْعِ الأروِقَهْ

لا ترعوي أبداً بذلـ

ــتُ لهـا ودادًا أو مِقَهْ

إيمـانُ، كفِّي عن عنا

دِكِ بادلينـي شقشقهْ

خَلَعْتُ عِذاري

ألا حيًّا الجميلةَ كلُّ طلٍّ

يُسَقِّي أهلَها داراً فدارا

لقد شهدَ الزَّمانُ وكلُّ حيٍّ

بأنَّ يباتَ قد خلَع العِذارا

إلى ناعس الطرف

وعيناك أجمل مما تصورت يا ناعس الطرف؛

أروعُ أروعْ

حديثك أشهى حبيبة قلبي،

بلى هو أمتعُ أمتعْ

تبارك من قد براك وكحل عينيك،

أبدعَ ربي وربك أبدعْ

الْهَجي بِقَريحِي

ها لقد صرتِني
فالهجي بقريحي
يا رويحةُ،
هذي حنانُ تسطِّرُ عنك الْجوى
فاستريحي

أشواق

كلما قلت متاباً هزني

ذلك الشوق إليها فاسقني

ودع القينة تشدو ساعة

بالمواويل وما قد شفني

إنها تبصر في عيني جوىً

ولها علم بما قد راعني

بين نوريها نصبتُ قامةً

وبعينيها ادَّكرتُ موطني

خريفُ القَضارف

كالمحيطِ ومِن فوقِنا

تتلاطمُ هذي السُّحبْ

الخلائقُ من تحتِها

تترَجَّى الْجَلالَ بِحُبْ

والأراضين من بعدما

فارقتْها السَّما تَنْتَحِبْ

ها تلاقتْ بِحِبٍّ لها

يلتقي بحميمٍ وصَبْ

في النحورِ جرتْ أدمعٌ

مدحُ ماءٍ مشى بالقِرَبْ

جففتْها يدا سندسٍ

في اهتزازٍ وعَمَّ الطَّربْ

الجميلة والسبحة

(إليك صديقي الأستاذ علي قنديل)

وَشَبيهُ الشَّمْسِ فِي طَلْعَتِهِ

مَنْ كَمَاهُ ازَّيَّنَتْ تِلْكَ الْحُلِي

فِي يَدَيْهِ وَتَهَادَتْ طَرَباً

بَيْنَ نَهْدَيْهِ وَفَوْقَ المُقَلِ

مَاجِنٌ فِي سَيْرِهِ مَلْهَاتُنَا

وَهْوَ بِالسِّبْحَةِ دِرْوِيْشٌ وَلِي

قَاتِلٌ مَنْ جَازَهُ فِي بَطَرٍ

غَشِيَ الْمَوْتَ يَبَاتَ بن عَلِي

عيناك قافية لحديثي
(إلى زينب)

وعيناك زينب،

قافية لحديثي

ما حييت سأجعلهما

تالدي

وحديثي

فافعلي

ما بدا بالفؤاد

وعيثي

واهلكي

ما بدا لك يا حلوتي أو

فغيثي

تجيئِنا هَوْنًا

وَهَذَا صَبَاحِي
تَأَبَّى انْبِلَاجَا
وَدِدْتُ
(وَكَمْ مِنْ أَمَانٍ حَيَارَى)!
تَجِيئِينَ هَوْنًا لِخَمْرِي مِزَاجَا

زَهِدنا في الحياةِ وبَهْجَتَيْهَا

عَوارٍ كلُّ ما تُعطِيه دُنيا

فَهِيئِي يا رويحةُ لانتقالِ

هي الظِّلُّ الَّذي ما امْتَدَّ إلا

ليقْصُرَ إنَّها عينُ المُحالِ

ومهما أوهَمَتْنَا بالعطايا

هداياها الرَّخيصةُ للزَّوالِ

وقد عِشنا تُخادِعنا دُهوراً

غَرورٌ لم تكنْ إلا كآلِ

وأحببنـا وفارقنْـا كِرَامـاً

وما خِلنا تفرِّقُنا الليالي

زَهِدنا في الحياةِ وبَهْجَتَيْهَا

تَخَطَّفُ كلَّ محمودِ الخصالِ

حديث الأميرة

حديثك ورْدٌ صباحاً تفتَّقْ

بلى هو زقٌّ معتَّقْ

وطيرٌ تنبَّهَ للصُّبحِ،

ثمَّ تَمَطَّى وسَقْسَقْ

حديثُكِ ليلٌ

بصبحِ الْجَوى هَا تَمَنْطَقْ

هي الحب ما عوفيت

تولى قصيدي في الورى ثّمَّ أحجما

    ولما تغنَّى في هواكمْ تقدَّما

لقد بات يا حِبي سميعاً وناطقاً

    وقد كان من قبل أصمّاً وأبكما

وما أنتِ إلا نور عينٍ وخاطرٍ

    لكم تمتمَ الخفاق صبحاً ودمدما

غفلتم عن النجوى، وعن كلِّ همسه

    إذا ما انصرفتم عنه جاكم مسلما

وإلاك ما في القلبِ للحبِّ موضعٌ

    صبا القلبُ عن حبِّ النساء وغمغما

هي الحب ما عوفيتُ وهي شريكتي

    رضيت الهوى منها شراباً ومطعما

شبيهان

وتدرين أنيَ أنْـ

ـتِ في الحبِّ والهوى

وأنا تماثلنا

غلافاً ومحتوَى

لقد باتَ هذا القلـ

ـبُ دهراً على الجَوى

فؤاداً ترقَّى في الْـ

ـمراقي وها استوَى

الغالية

بليتُ ومن عجبي صاحبي

بظبيٍ لطيفٍ سريعِ الغضبْ

إذا مـــا ذهبنـــا نمازحـــه

تهيَّج في فورةٍ واحتجَبْ

وخاصمنـي ليلـــةً خِلتُها

كليلِ امرئٍ موجُها في الكُربْ

تسائلني صـاحِ عن أهلِها؟

سليلةُ قومٍ مضَوْا في النَّسبْ

فغمَّزَ لي صاحبي ضاحكاً

كذا كلَّ خَلْقٍ رفيعِ الرُّتبْ!

الفهرس